Re-Create Yourself

Erschaffe dich Neu!
Du bist der Meister deines Lebens

Mag. Georg Pousek

Re-Create Yourself

Erschaffe dich Neu!
Du bist der Meister deines Lebens

"Erschaffe dich Neu" ist ein Prozess, der uns dabei hilft, die Verantwortung für unser eigenes Lebens zu übernehmen. Es ist wirklich eine Reise zu uns selbst, die wir antreten weil...

- es sich lohnt

- es uns frei macht

- wir es dürfen

- wir uns dadurch immer wieder neu erschaffen können.

Impressum:
© Alle Rechte liegen beim Autor, 2013, Graz
Coverdesign Mag. Georg Karl Pousek
Herstellung und Verlag: BoD - Books on Demand, Norderstedt, Deutschland
ISBN: 9783732261819
Bibliographische Information der Deutschen Bibliothek: Die Deutsche Bibliothek verzeichnet diese Publikation in der deutschen Nationalbibliografie; detaillierte bibliografische Daten sind im Internet über http://dnb.ddb.de abrufbar.

Inhaltsverzeichnis

I.	Vorwort - Re-Create Yourself	7
Teil I	– Vier Entscheidungen	9
1.	Erschaffe dich Neu	11
2.	Warum diese Reise?	12
3.	Der erste Schritt	14
4.	Alle Fragen mit JA beantwortet?	18
5.	Energetisch betrachtet	19
Teil II	– Die sechs Fragen des Lebens	21
6.	Wie erschaffe ich mich neu?	23
7.	Und jetzt?	30
8.	Wie kann ich den Prozess erfahren?	32
9.	Reise	33
10.	Über den Autor	42
11.	Raum für Notizen	43

I. Vorwort - Re-Create Yourself

Mit „Re-Create Yourself" ist dem Autor ein prägnanter und einfacher Leitfaden gelungen, der dabei helfen kann, uns und unser Leben so zu gestalten, wie wir es wirklich wollen.

Re-Create Yourself ist eine Reise, die uns zur Erkenntnis bringt, wie wir die Fragen unseres Lebens bisher beantwortet haben und uns dahin bringt, sie NEU und BEWUSST zu beantworten.

Erschaffe dich Neu ist ein unglaublich starker Veränderungsprozess, der uns unserem eigenen Wesenskern immer näher bringt. Es ist auch ein Prozess, der uns dabei hilft, die Verantwortung für unser eigenes Leben zu übernehmen.

Das vorliegende Booklet ist die Zusammenfassung des gleichnamigen Vortrages des Autors sowie die Grundlage des „Erschaffe dich Neu"-Seminars.

Re-Create Yourself - Erschaffe dich Neu
Du bist der Meister Deines Lebens!

Teil I – Vier Entscheidungen

1. Erschaffe dich Neu

„Erschaffe dich Neu" ist eine Reise zu uns selbst. Es ist ein Prozess, in dem es um Selbstwahrnehmung, Selbstanalyse und Selbstdefinition, Befreiung und schließlich um Transformation in die nächste höchste Version unseres Selbst geht. Durch diesen Prozess kommen wir, wie bei einer Spirale, immer näher an unseren Wesenskern. Wir kommen immer näher an uns selbst - kommen schließlich bei uns an. Wir sind zu Hause. Wir beginnen, unser wahres Ich zu leben und ins Außen zu bringen.

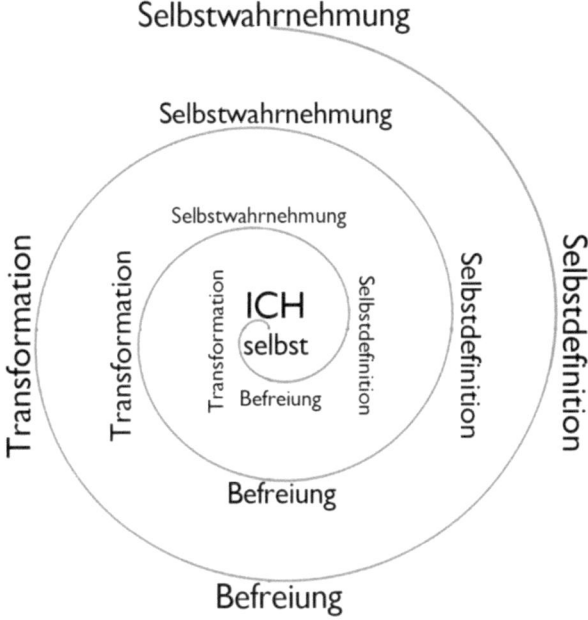

2. Warum diese Reise?

Weil es eine große Chance für uns ist, weil wir uns nicht in unser Schicksal ergeben müssen, wir dürfen unser Leben selbst in die Hand nehmen. Niemand muss, jeder darf sich selbst und frei dafür entscheiden, seine Reise (zu sich selbst) anzutreten oder eben auch nicht. Beides ist gut, beides ist die richtige Entscheidung. Aber wenn beide Entscheidungen richtig sind, warum soll ich diese Reise antreten?

Weil die Veränderung sowieso geschieht – alles ändert sich. Ständig.

„Die einzige Konstante im Universum ist die Veränderung."[1]

Du bist bereits auf der Reise, der Zug ist bereits aus dem Bahnhof gefahren. Aber - wer sitzt am Steuer? Bist du es? Ist es deine Mutter? Deine Familie? Oder vielleicht dein persönliches Umfeld? Wer ist es, der dein Leben wirklich lenkt? Du bist bereits auf der Reise, die Veränderung geschieht, ob du das möchtest oder nicht. Denn das einzig Konstante ist die Veränderung. Das ist keine neue Erkenntnis, sie ist sogar schon ziemlich alt. Aber wir verhalten uns oft so, als ob sich gar nichts ändern würde.

---

[1] Heraklit von Ephesus, (etwa 540 - 480 v. Chr.) griechischer Philosoph

Die Frage ist daher in Wahrheit:

„Möchte ich bewusst und aktiv mein Leben und die Veränderungen mit gestalten?"

Oder gehe ich davon aus, dass ich keinen Einfluss darauf habe bzw. sich schon irgendwer darum kümmern wird?

Will ich mich selbst an das Steuer setzen oder bin ich damit zufrieden, wenn es schon irgendwie läuft in meinem Leben? Beide Entscheidungen sind gut und richtig und liegen in deinem freien Willen und Ermessen. Aber die Entscheidung sollte bewusst getroffen werden, sonst trifft das Leben diese Entscheidung für dich und das Ergebnis wird sein, dass du höchstens ab und an mal selbst am Steuer deines eigenen Lebens sitzen wirst. Sehr viele Menschen werden von einem Chauffeur durchs Leben gefahren. Das klingt zwar sehr schön und bequem. Der Nachteil ist allerdings, dass wir nicht mit ihm reden können. Er hört nicht auf uns, wir haben keinen Einfluss auf ihn. Er bringt uns an irgendein Ziel, das ihm gefällt, nicht dorthin wo wir hin wollen und in den seltensten Fällen stimmen diese beiden Ziele überein. Wir sind nur Fahrgast in unserem eigenen Leben, solange wir uns nicht dafür entscheiden, bewusst und aktiv zu leben und unsere Rolle als Mitschöpfer anzunehmen.

3. Der erste Schritt

Am Beginn stehen vier Entscheidungen. Es geht um bewusste Entscheidungen. Das Leben fragt uns „willst du auch einmal ans Steuer?" und wartet auf unsere Antwort. Was wollen wir antworten? Was werden wir dem Leben antworten?

1. Selbstwahrnehmung:

**Entscheidung 1: Will ich Klarheit?
Möchte ich wirklich ein klares Bild von mir selbst bekommen?**

Will ich wissen, wer ich bin?
Nicht immer ist der Weg zur Klarheit angenehm. Vielleicht lernst du Seiten von dir kennen, die zu zunächst ablehnst und nicht haben willst. Kann sein, aber es geht darum, dich selbst zu erkennen in deiner ganzen Fülle und dir selbst ehrlich gegenüberzutreten. Es ist eine Bestandsaufnahme deines Lebens. Auch wenn du dich selbst zu Beginn dieser Reise womöglich nicht wirklich gut findest, das wird sich im Verlauf der Reise immer weiter ändern. Vielleicht lernst du dich auf dieser Reise dann als jemanden kennen, den du richtig toll findest und mit dem du den Rest deines Lebens verbringen möchtest.

Sag Ja – und du lernst dich SELBST kennen!

2. Selbstdefinition

Entscheidung 2: Will ich etwas tun? Bin ich bereit an diesem Bild, das mein Leben darstellt, weiterzumalen, bis es für mich stimmig ist?

Oder akzeptiere ich mein Leben so wie es ist? Sich selbst zu erkennen und wahrzunehmen ist nur der erste Schritt des Weges. Will ich auch wirklich dauerhaft etwas ändern? Will ich für mich selbst bestimmen, was und wer ich bin? Möchte ich mein Bild für mich selbst immer mehr reinzeichnen? Das geht meistens nicht von heute auf morgen. Genau, wie jede Reise beginnt auch die Reise zu dir selbst mit dem ersten Schritt. Sie ist damit aber noch nicht zu Ende. Die Arbeit an sich selbst ist ein Weg, ein Prozess, sie ist auch eine Lebenseinstellung. Ein einmaliges Hinschauen kann zwar punktuell helfen, aber erst die kontinuierliche Beschäftigung mit dem eigenen Wachstum kann wirklich ein ganzes Leben verändern. Dann nimmt der Zug - unser Leben - behutsam Geschwindigkeit auf und wir fangen an, immer öfter selbst am Steuer zu sitzen. Und das ist eine große Chance für uns und unser Leben.

Sag Ja und Du lässt dich damit auf einen wunderbaren Veränderungsprozess ein.

3. Befreiung

Entscheidung 3: Erlaube ich es mir? Erlaube ich es mir selbst, etwas zum Positiven in meinem Leben zu verändern?

Das ist die wichtigste und vielleicht auch schwierigste Entscheidung, weil sie so vielen Glaubensmustern und Traditionen entgegensteht. Wir haben eine Jahrhundert alte Tradition des Leidens und seiner Verherrlichung aufgebaut. Wir müssen aber nicht leiden. Diese Traditionen sind überholt! Schmerzen können natürlich immer wieder sein. Leiden hingegen ist unsere eigene, freie Entscheidung. Leiden ist eine Interpretation der Schmerzen und keine Tatsache. Wir können Schmerzen auch als Hinweis des Lebens sehen, etwas zu ändern. Entgegen aller anderen Behauptungen – jeder von uns hat das Recht auf ein glückliches Leben! Wirklich jeder von uns. Auch du! Auch Du darfst glücklich sein. Du darfst sogar glücklicher sein als deine Eltern, oder Großeltern. Ja sogar glücklicher als sie alle zusammen. Das Einzige, was uns daran hindert ist unser eigener Kopf und die vielen Vorstellungen und Glaubenssätze, die in ihm festsitzen. Du darfst bekommen, was du in deinem Herzen wirklich ersehnst. Erlaube es dir selbst.

Sag ja und du darfst akzeptieren, dass du das Recht hast, das schönste, glücklichste,... Leben zu führen, das du dir vorstellen kannst.

4. Transformation

Entscheidung 4: die höchste Vision
Möchte ich die höchste Vision meines Selbst in mein Leben holen?

Wovon träume ich, wie sehe ich mich in meinen Tagträumen? Als der, der ich jetzt bin, oder freier, glücklicher, heiler? Was ist die höchste Vision meiner Selbst, die Vision, die ich mir gerade noch von mir vorstellen kann? Möchte ich diese Vision von mir selbst in mein Leben holen? Will ich mich in meiner großartigsten Form zeigen? Nicht vergessen: Du hast Einfluss auf dein Leben, denn du bist der Meister deines Lebens. Als solcher kannst du dir bewusst sein, was deine höchste Vision von dir selbst ist und du beginnst sie zu verwirklichen. Lass dich ein auf diesen Prozess, er wird dein Leben verändern und dich immer mehr befreien von dem, was dich belastet. Wir machen diese Reise weil,

- es sich lohnt
- es uns frei macht
- wir es dürfen
- wir uns dadurch immer wieder neu erschaffen können.

Sag Ja und du wirst zum großartigsten Ausdruck deiner Selbst!

4. Alle Fragen mit JA beantwortet?

Dann hast du dich dafür entschieden, dir selbst gegenüberzutreten, dir einzugestehen wer du bist und wer du eigentlich sein möchtest. Du hast dich dafür entschieden, heiler und heller zu werden und deine höchste Vision von dir selbst zu leben. Du hast dich gerade entschieden, bewusster Mitschöpfer deines eigenen Lebens zu werden. Du hast dich dazu entschlossen, dich selbst ans Steuer deines Lebens zu setzen. Du hast Ja zu dir und deinem Leben gesagt. Du darfst jetzt auch sagen:

„Ich übernehme die volle Verantwortung für mein Leben mit allen Konsequenzen"

Die Verantwortung zu übernehmen bedeutet zwar, auch ein neues Betätigungsfeld zu übernehmen, manchmal sogar neue Herausforderungen. In erster Linie aber steht hier die Chance, unser eigenes Leben zu leben. Und nur dann können wir Leichtigkeit und Glück erreichen. Schuld spielt ab sofort keine Rolle mehr, denn es gibt niemanden, der schuld ist an unserem Leben, so wie es jetzt ist. Für alles, was in unserem Leben ist oder auch nicht ist, sind wir selbst verantwortlich. Daher ist die viel wichtigere Frage, die wir uns stellen können: „Was möchte ich"? „Was soll anders sein"? Und dann dürfen wir handeln – aus der Liebe heraus.

5. Energetisch betrachtet

Wir haben uns entschieden, bewusster Mitschöpfer unseres Lebens zu werden. Wir sind bereit, das Steuer unseres Lebens zu übernehmen. Nun kommen wir zu den Details des „Erschaffe dich Neu" Prozesses und können seine energetische Wirkung betrachten.

Michelangelo sah im Marmorblock das Kunstwerk bereits vorgeformt. Er war der Meinung, dass sich die Statue bereits im Stein befand, sie musste daher nur noch daraus befreit werden. Ich möchte den Prozess mit der Metapher des Marmorblocks vergleichen, in dem Michelangelo bereits die fertige Statue Davids verborgen sah. Durch das beständige Bearbeiten kam dann David zum Vorschein. Bei uns ist es im Grunde genauso. Auch in uns ist bereits das „Kunstwerk" unseres idealen Selbst enthalten, das wir durch unseren Erschaffungsprozess freizulegen beginnen.
Die höchste Vision unseres Selbst möchte freigelegt werden - befreit, von all den Prägungen, Glaubenssätzen, Vorstellungen und Ängsten, die sie daran hindern, in unser Leben zu treten. Wenn wir geboren werden, sind wir frei von Ballast und leben das „Kunstwerk" unseres eigenen Ichs. Durch die Erziehung, unsere Prägungen und die Gesellschaft, eben

durch die Erfahrungen die wir machen, legt sich dann im Laufe der Jahre die Angst, nicht gut genug zu sein so wie wir sind, die Angst abgelehnt zu werden, Schicht für Schicht über unser wahres Ich. Durch diese Schichten bekommen wir immer weniger Zugang zu uns selbst. Wir verlieren den Kontakt zu uns, unserem Wesenskern. Solange wir nicht die Schichten wieder abgetragen haben, steht zwischen uns und uns selbst immer eine Angst. Wir können beschließen, diese Ängste loszulassen. Dann beginnt fast wie von selbst unsere Metamorphose und wir entdecken die höchste Vision unseres Selbst und fangen an, sie zu leben.

Um bei der Metapher der David Statue zu bleiben. Wir befreien den David in uns, denn wir sind David und Michelangelo in einer Person. Wir legen unseren Wesenskern Schicht für Schicht frei. Mit jeder Phase, in der wir uns selbst wahrnehmen und selbst definieren – bereit sind loszulassen und uns zu transformieren - kommen wir unserem wahren Ich immer näher. Schritt für Schritt geht es immer weiter voran – unaufhaltsam zu unserem wahren Ich, unserem wirklichen Wesenskern.

Nachdem wir 4 wichtige Entscheidungen getroffen haben, können wir uns jetzt den sechs Fragen unseres Lebens zuwenden.

Teil II – Die sechs Fragen des Lebens

6. Wie erschaffe ich mich neu?

Wie funktioniert der „Re-Create Yourself" Prozess?

Wir haben uns entschieden, den Prozess zu beginnen, haben gesehen, was er für uns und unser Leben tun kann. Jetzt ist es an der Zeit zu offenbaren, wie wir uns selbst neu erschaffen können. Das Schöne ist: Ihr seid bereits mitten drin. Wenn ihr all die Fragen mit Ja beantwortet habt, seid ihr schon dabei, euch neu zu erschaffen. Der „Erschaffe dich Neu" Prozess ist im Grunde ganz simpel und gerade deshalb so mächtig. Wir werden den Blick vom Außen in unser Inneres wenden. Der Nebel, der uns die Sicht auf unser Inneres versperrt, wird gelichtet und wir schauen auf uns selbst.

Wir wenden uns vom Außen ins Innen.

Wir stellen uns den zentralen Fragen unseres Lebens und lösen Vorbehalte gegen die Antworten, die wir in uns finden, auf.
Das ist es. Ganz einfach im Grunde. Die Fragen, die wir uns über uns selbst stellen, lenken unsere Aufmerksamkeit auf uns selbst. Die Fragen sind wie Scheinwerfer, die beginnen unseren Wesenskern zu beleuchten. Mit Hilfe energetischer Methoden können wir Vorbehalte und Ängste auflösen, die uns daran hindern können, die höchste Vision unseres Selbst zu werden.

1. Wer bin ich?

Eine ganz einfache Frage „Wer bin ich"? Und doch haben sich so viele Menschen damit vergeblich auseinander gesetzt. Die Frage kann für uns aus einer absolutistischen Sicht auch nicht beantwortet werden. Sie wird nämlich erst schwierig, wenn ich versuche, eine allumfassende Erklärung und Antwort darauf zu geben. Nämlich wenn ich versuche zu erklären, wer ich mein ganzes Leben war und sein werde. Das Leben ist keine Konstante. Das Leben ist Veränderung. Die Frage „Wer bin ich" bezieht sich immer auf das Hier und Jetzt. Es gibt auch keinen anderen relevanten Zeitpunkt. Wer bin ich Hier und Jetzt. Wer bin ich heute? Nicht in zwei Jahren, auch nicht morgen oder gestern. Jetzt. Was drücke ich durch mein Leben in diesem Moment aus? Welche Vision von mir selbst habe ich im Moment für mich selbst gewählt? Auch wenn es unbewusst war – ich selbst habe mich dafür entschieden. Wer bin ich also? Hier und jetzt.

„Wer bin ich?"

2. Bin ich der, der ich sein möchte?

Nach dem wir uns ehrlich beantwortet haben, wer wir jetzt sind und welche Vision unseres Selbst wir ins Außen bringen, stellen wir uns der Frage ob wir im Moment der sind, der wir wirklich sein wollen. Gefällt mir, was ich durch mein Leben ausdrücke? Ist es die höchste Vision meiner selbst, die ich durch mein Leben verwirkliche? Oder lebe ich nur einen Bruchteil von dem, was alles in mir steckt? Bin ich der, der ich sein möchte? Es geht nicht um Rechtfertigungen, lange Erklärungen warum etwas nicht so ist wie es vielleicht sein könnte oder ähnliches. Die Frage lässt sich ganz einfach mit Ja oder Nein beantworten. „Ja, aber…" zählt hier nicht. Schluss mit „Ja, aber…", denn damit öffnen wir nur den Ausreden und Entschuldigungen Tür und Tor und die helfen uns absolut nicht weiter. Das passt auch nicht mehr zu uns. Schließlich haben wir gerade noch gesagt „Ich übernehme die volle Verantwortung für mein Leben mit allen Konsequenzen".

Wir dürfen erkennen, dass wir uns neu erschaffen wollen und dürfen. Das ist unser Recht. Wir dürfen uns verändern, wir dürfen dem Leben sagen, das bin ich nicht, das will ich nicht.

„Bin ich der, der ich sein möchte"?

3. Welche Erfahrungen mache ich?

Für welche Art des Lebens habe ich mich entschieden? Was mache ich in meinem Leben? Was mache ich mit meinem Leben? In welchen Handlungen, Tätigkeiten, Hobbies etc. drückt sich der, der ich bin im Außen aus? Wie würde ich mein Leben, aus der Sicht meiner Tätigkeiten, Handlungen heraus beschreiben? Was erfahre ich durch meine momentane Art zu leben? Die wichtige Frage dabei ist, wie fühlt sich diese Art zu leben für mich an. In unserem Erschaffungsprozess geht es immer um die Gefühle, die in uns ausgelöst werden. Gefühle sind die Sprache der Seele und auf dieser Ebene arbeiten wir. Es ist keine Art zu leben besser oder schlechter als die andere, nur die Erfahrungen, die gemacht, die Gefühle die in uns ausgelöst werden unterscheiden sich. Und über die Art der Erfahrungen und Gefühle, die mir begegnen, kann ich entscheiden. Ich darf bestimmen, wie sich mein Leben anfühlen soll. Das bedeutet nicht, dass wir Entscheidungen die andere Menschen in ihrem Erschaffungsprozess, bewusst oder unbewusst getroffen haben, außer Kraft setzen können, nur weil sie nicht dem entsprechen, was wir uns vorgestellt haben. Das bedeutet, dass du diese Erlebnisse anders erleben kannst, als bisher.

Welche Gefühle löst das, was ich durch mein Leben ausdrücke, in mir aus?

4. Ist es das, was ich erfahren möchte?

Ist das, was ich in meinem Leben erfahre und fühle, wirklich das, was ich möchte? Wir müssen jetzt unser Leben nicht komplett verändern, wir wollen uns nur beantworten, ob das, was wir in unserem Leben tun, dem gerecht wird, was wir tun wollen. Ist das Gefühl über unser Leben so, wie wir es uns wünschen? Wieder ist die Frage mit einem einfachen „Ja" oder „Nein" zu beantworten.

Die ersten beiden Fragen des Lebens in diesem Teil waren eine Bestandsaufnahme unseres Lebens. Frage drei bis vier, waren unsere Einschätzungen, ob wir mit dem Ergebnis der Bestandsaufnahme zufrieden sind oder auch nicht. Wenn es genau das ist, was wir erfahren wollen, dann ist das toll. Wenn nicht, dann gibt uns diese Erkenntnis die Chance, so zu werden wie wir sein wollen. Dann werden wir uns den zwei letzten wichtigen Fragen zuwenden. Die Fragen fünf und sechs öffnen für uns den Bauchladen an Möglichkeiten, die das Leben für uns bietet. Wir können uns aussuchen, was wir gerne hätten. Denn das Buffet des Lebens ist nun eröffnet.

Ist es das, was ich erfahren möchte?
Ist das Gefühl über unser Leben so, wie wir es uns wünschen?

5. Wer möchte ich wirklich sein?

Die Frage, wenn sie aus dem Herzen heraus beantwortet wird, eröffnet uns eine neue Welt. Wir beginnen, für uns festzulegen, wie die höchste Vision unseres Selbst ist: Wer möchte ich wirklich sein? Wie möchte ich mich selbst in meinem Leben ausdrücken? Was möchte ich durch mein Sein ausdrücken? Welches Signal schickt der Leuchtturm, der ich bin, in die Welt hinaus?

Erschaffen wir uns die beste Vision von uns, die wir uns überhaupt vorstellen können. Denn wir sind der Meister unseres Lebens, wir dürfen und können das. Ja, wir sollten dies sogar für uns selbst tun – denn nur wir können dies. Wir dürfen uns so erschaffen, wie es jetzt am besten ist. Es geht nicht darum, etwas für alle Zeiten zu erschaffen. Wir erschaffen uns für das Hier und Jetzt, solange bis ich es wieder durch eine neue höchste Vision meines Selbst erweitere und ändere. Stell dich der Frage und habe den Mut sie dir selbst zu beantworten. Schließlich darfst du es, du bist der Meister deines Lebens.

Wer möchte ich wirklich sein?

6. Was möchte ich wirklich erfahren?

Was möchte ich wirklich in meinem Leben tun? Wovon träume ich in meinem Leben, was möchte ich erfahren. Wieder sollen wir uns diese Frage aus dem Herzen heraus beantworten, denn nur so tritt unser Innerstes immer mehr ins Außen. Was wollte ich immer schon tun oder sein, jetzt ist es an der Zeit, dass ich mich für etwas entscheide. Ich darf bestimmen, wie sich mein Leben anfühlen soll.

Auch diese Entscheidung bindet uns nicht ewig. Wieder ist es keine Entscheidung für alle Ewigkeit. Wir sind Schöpfer keine Bewahrer. Wir entscheiden uns für unsere jetzige Vision von unserem eigenen Tun. Für das Gefühl, das uns unser Leben jetzt vermitteln soll. Wir können daher diese Vision jederzeit auch wieder erneuern oder verändern. So, wie es sich stimmig für uns anfühlt. Was möchtest du jetzt in dieser Phase deines Lebens machen? Stell dich auch dieser Frage und habe den Mut sie dir selbst zu beantworten. Schließlich darfst du es, denn du bist der Meister deines Lebens.

Was möchte ich erfahren?

7. Und jetzt?

Was geschieht, wenn ich mich diesen Fragen gestellt habe?

Dann kann und darf das Leben einfach schön werden.

Wenn wir uns ehrlich aus unserem Herzen heraus mit diesen Fragen beschäftigen und unsere Ängste auflösen, kann unser Leben gar nicht anders, als sich zum Schönen hin zu verändern. Wir übernehmen das Steuer in unserem Leben und beginnen es zu lenken. Die Antworten auf diese Fragen haben zwei oder auch mehr wunderbare Auswirkungen.

1. Unsere Wahrnehmung verändert sich

Und wenn wir unsere Wahrnehmung verändern, dann verändern wir unsere Wirklichkeit. Unsere Wahrnehmung bestimmt unser Sein. Nehmen wir Liebe wahr, fördert das unser Wachstum. Nehmen wir Dinge wahr, die uns Angst machen, wird die Energie weg vom Wachstum und hin zum Aufbau von Schutzmechanismen verlagert. Das Wachstum verlangsamt sich oder kann sogar erliegen. Durch die veränderte Wahrnehmung und neue Ausrichtung unseres Denkens werden uns andere Erfahrungen in unserem Leben begegnen als zuvor. Erfahrungen, die immer mehr unseren Herzenswünschen entsprechen, werden uns durch unser Leben tragen.

2. Alte, unbewusste Ängste und Vorbehalte dürfen endlich aufgelöst werden.

Das ist wunderbar. Ängste sind in den meisten von uns verborgen. Auch wenn ich sie bewusst gar nicht wahrnehme, bedeutet das nicht, dass ich keine Ängste habe. Das bedeutet nur, dass sie (noch) nicht in mein Bewusstsein gedrungen sind. Wir dürfen auch hier lernen, ehrlich zu uns selbst zu sein und können dann fündig werden. Das ist aber nichts Schlechtes. Ganz im Gegenteil! Wenn sich Ängste zeigen, ist das ein sicherer Hinweis dafür, dass sie nun endlich gehen dürfen. Beispiele für Ängste und Glaubensmuster, die unser Wachstum behindern sind Gedanken wie: „wenn es meinen Eltern schlecht geht, muss es mir auch schlecht gehen" oder „ich bin nicht würdig etwas zu tun oder zu erhalten" oder „ich bin nicht gut genug ‚um geliebt zu werden". Das waren nur einige aus einer wirklich großen Menge an Glaubensmustern und Ängsten, die unser Tun bestimmen. Energetisch können wir die wirklichen Ursachen dieser Ängste sanft auflösen und uns davon befreien. Diese Ängste sind auch der Sand im Getriebe unserer persönlichen Weiterentwicklung und Heilung. Nur wenn wir durch unsere Angst gehen, kommen wir zu uns selbst. Denn hinter der Angst finden wir unser Glück und unsere Leichtigkeit.

8. Wie kann ich den Prozess erfahren?

Der Prozess kann natürlich alleine in den eigenen vier Wänden durchlaufen werden. Wenn du das möchtest, ist zum Auflösen von energetischen Blockaden eine Lichtreise im nächsten Kapitel angeführt.

Wesentlich wirkungsvoller, einfacher und auch angenehmer ist es, diesen Erschaffungsprozess in einer Gruppe zu erleben. Im „Erschaffe dich Neu" Seminar werden wir gemeinsam die Antwort auf die Fragen des Lebens erarbeiten, wir feiern gemeinsam wunderbare Zeremonien, die uns bei unserem Erschaffungsprozess ideal unterstützen. Durch verschiedene energetische Übungen lösen wir Widerstände, die im Zuge des Selbst-Erschaffungsprozesses auftauchen können, auf.

Nimm dir Zeit für
 - die Antworten auf die Fragen deines Lebens
 - eine spürbare Veränderung in deinem Leben
 - eine Erweiterung des Bewusstseins
 - eine Steigerung deines Energieniveaus.

Nimm dir Zeit, dich selbst neu zu erschaffen. Es ist ein spannender, lohnender Prozess, der dich deinem wahren Ich immer näher bringt.

9. Reise

Die Reise lässt du dir am besten nach der Beantwortung deiner Lebensfragen vorlesen. Wenn du alleine bist, dann lies dir die Reise in Ruhe durch. Dann kannst du sie liegend mit geschlossenen Augen einfach gedanklich durchgehen. Keine Angst, es geht nicht darum, die Reise Wort für Wort oder ganz genau durchzugehen. Die für dich wichtigen Passagen der Reise werden dir schon einfallen. Die Reise wird im Liegen, mit geschlossenen Augen durchgeführt. Alles darf während der Reise sein. Du musst auch nicht entspannt oder locker sein. Das einzig Wesentliche ist, während der Reise ruhig liegen zu bleiben, die Arme seitlich vom Körper liegen zu lassen und die Beine nicht zu überkreuzen.

Leg dich hin und mach es dir bequem.
…
Du kannst jetzt die Augen schließen und ruhig liegen, deine Arme liegen neben deinem Körper und deine Beine nebeneinander.
…
Du kannst fühlen, wie dein Atem ein- und ausströmt und dein Körper deinen Atem aufnimmt.
…
Stell dir nun vor, du gehst durch die Natur.
…

Deine Füße berühren den Boden und du kannst deine Umgebung gut wahrnehmen.
…
Schau dich um, wie sieht es hier aus und wie fühlt es sich hier an?
…
Du gehst weiter durch die Natur, immer weiter, bis du zu einem kleinen See kommst.
…
Das Wasser ist angenehm warm und du steigst in den See hinein.
…
Du kannst fühlen, wie sich Schwere in deinem Energiekörper einfach auflöst.
…
Wie fühlt es sich an?
…
Du steigst aus dem See und gehst weiter durch die Natur, bis du zu einem Gebäude kommst.
…
Du gehst in das Gebäude und dein Weg führt dich immer weiter hinein.
…
Du kannst alles wahrnehmen, was es heute wahrzunehmen gibt.
…
Du gehst weiter, bis du zu einem großen Raum kommst.

…
Du schaust dich um und nimmst alles wahr, was wahrzunehmen ist.
…
Du bittest den lieben Gott um seine Hilfe.
…
Wenn du in dich hineinspürst kannst du wahrnehmen, dass er dir helfen wird.
…
Danach gehst du in deinem Tempo weiter in das Gebäude hinein.
…
Solange bis du vor einer verschlossenen Tür stehen bleibt.
…
Einer Tür aus dickem Holz mit alten Schlössern.
…
Das ist die Tür zum Raum der Verletzungen des Herzens, fest hast du sie im Laufe der Zeit verschlossen.
…
Du kannst einfach wissen, dass nur du die Schlüssel zu deinem Herzen haben kannst, nur du besitzt sie.
…
Und wenn du in dich hineinspürst, kannst du die Schlüssel spüren.
…

Und du kannst auch spüren, dass heute die Zeit gekommen ist, die Schlösser zu deinem Herzen aufzusperren.

…

Du nimmst die Schlüssel und schließt die Tür auf für dich und gehst dich in den Raum hinein.

…

Überall kannst du verstaubte Regale wahrnehmen, Regale gefüllt mit Gefäßen.

…

Gefäße, die alle eine Verletzung deines Herzens aufbewahren.

…

Verletzungen aus diesem Leben und allen deinen anderen Leben zuvor.

…

Heute darfst du alles aus den Regalen nehmen, denn heute darf alles heilen.

…

In der Mitte des Raumes entdeckst du das Feuer der Heilung.

…

In einer goldenen Feuerschale lodert eine silberviolette Flamme. Die Flamme der Transformation und Heilung.

…

In dieser Flamme der Heilung darf nun alles heilen.

…

Gefäß für Gefäß, Verletzung für Verletzung darfst du jetzt aus den Regalen nehmen und in die Flamme der Heilung geben.
…
Nimm wahr, wie es sich anfühlt, wenn die Last in den Regalen leichter wird.
…
Du kannst fühlen, wie die Verletzungen in der Flamme ihre Kraft verlieren.
…
Immer weiter darfst du Gefäße aus den Regalen nehmen und in die Flamme geben, bis zum letzten Gefäß.
…
Jede Verletzung, jedes Gefäß aus dem Raum der Herzensverletzungen darf heilen.
…
Nimm alles wahr, was wichtig ist für dich.
…
Bedanke dich nun für das, was du aus den Erlebnissen lernen durftest.
…
Du kannst spüren, wie du in der silber-violetten Flamme heilst.
…
Alles darf nun in der violetten Flamme geheilt werden.
…

Nachdem du alle Verletzungen aus den Regalen genommen hast, die heute heilen dürfen,
…
nachdem du dem Feuer alles übergeben hast, gehst du in deinem Tempo jetzt weiter.
…
Du verlässt den Raum und gehst weiter in dem Gebäude bis du wieder vor einer Tür stehen bleibst.
…
Du öffnest die Tür zum Raum der Herzensliebe für dich und du darfst eintreten.
…
Du kannst den Raum wahrnehmen und auch die Liebe in diesem Raum.
…
Auch die Liege in der Mitte des Raumes kannst du wahrnehmen.
…
Du legst dich darauf und bittest den lieben Gott alles zu dir zurück zu bringen was zu dir gehört und alles von dir zu nehmen was nicht zu dir gehört.
…
Du kannst jetzt auch die wohltuende Präsenz des lieben Gottes fühlen.
…
Du kannst seine allumfassende Liebe fühlen, fühlen wie die Liebe beginnt, sich in dir auszubreiten.
…

Du kannst auch fühlen, wie zu du dir zurück kommt was zu dir gehört.
…
Goldenes Licht fließt in dein Herz.
…
Das Licht des liebenden und vergebenden Herzens.
…
Du darfst jetzt fühlen, wie sich Liebe und Vergebung in deinem Herzen ausbreitet,
…
wie sie wächst und dich mehr und mehr erfüllt.
…
Leicht wie eine Feder darfst du dich fühlen.
…
Du kannst auch wahrnehmen, dass der Raum der Herzheilung noch lichter geworden ist.
…
Nachdem alles geschehen ist, was hier geschehen sollte, gehst du wieder aus dem Raum.
…
Du gehst durch das Gebäude, bis zu einer dritten Tür.
…
Du öffnest die Tür zum Raum der Liebe und des Glücks.
…
Du trittst hinein und kannst wahrnehmen, was es wahrzunehmen gibt.

Aus einer Öffnung in der Wand sprudelt leuchtendes Wasser aus einer Quelle in ein Becken.
…
Die Quelle deines Glücks und deiner Liebe.
…
Du weißt, dass du hier ein Bad in dem Becken nehmen darfst und dass es dir helfen wird.
…
Denn ein Bad in der Quelle heilt alte Wunden und Glaubenssätze.
…
Du legst alles ab, was du an dir trägst, denn um das Glück und die Liebe zu empfinden, benötigst du nichts.
…
Schön wie du geschaffen wurdest, darfst du in das Wasser steigen.
…
Du kannst spüren, wie dich das Wasser umspielt, kannst spüren wie alte Glaubenssätze, die dein Handeln bestimmt haben, in Glück und Liebe aufgelöst werden.
…
Du kannst auch das Schweben im Wasser genießen und fühlen, wie du leichter und leichter wirst
…
und spüren, wie sich Glaubenssätze und alte Muster auflösen und du mehr und mehr davon befreit wirst.

…
Nachdem geheilt ist, was zu heilen war, steigst du aus dem Becken und ziehst dein Gewand an.
…
Du verlässt den Raum und gehst zurück durch das Gebäude.
…
Solange bis du- in deinem Tempo - wieder bei der Eingangstür angelangt bist.
…
Du kannst dich nun beim lieben Gott für seine Hilfe bedanken.
……
Du trittst aus dem Gebäude und suchst dir in der Natur einen angenehmen Platz und legst dich hin.
…
Atme ein paar Mal tief ein und fühle, was sich alles verändert hat.
…
Du kannst jetzt die Augen langsam wieder öffnen, streck dich, wenn du das möchtest und komm langsam wieder ganz zurück

10. Über den Autor

Mag. Georg Pousek lebt in Graz, Österreich. Er begleitet und unterstützt Menschen energetisch bei ihrem persönlichen Wachstum. Seit vielen Jahren beschäftigt sich der Autor mit Persönlichkeitsentfaltung. Mehr über Georg Pousek auf www.re-create-yourself.org oder www.georgpousek.com.

11. Raum für Notizen